运动健康100分
YunDongJianKang100Fen

四十八式太极拳

甘泉 编著

人民体育出版社

图书在版编目（CIP）数据

四十八式太极拳 / 甘泉编著. --北京：人民体育出版社，2020
（运动健康100分）
ISBN 978-7-5009-5736-2

Ⅰ. ①四… Ⅱ. ①甘… Ⅲ. ①太极拳—基本知识 Ⅳ. ①G852.11

中国版本图书馆 CIP 数据核字（2020）第010833号

参编人员： 高 翔 丁亚丽 高 飞
郭成敏 高 绅 李梦瑶

*
人民体育出版社出版发行
北京新华印刷有限公司印刷
新 华 书 店 经 销
*
880×1230 32开本 5.5印张 138千字
2020年11月第1版 2020年11月第1次印刷
印数：1—5,000 册
*
ISBN 978-7-5009-5736-2
定价：35.00 元

社址：北京市东城区体育馆路 8 号（天坛公园东门）
电话：67151482（发行部） 邮编：100061
传真：67151483 邮购：67118491
网址：www.sportspublish.cn
（购买本社图书，如遇有缺损页可与邮购部联系）

获2013年“体彩杯”全国武术套路锦标赛太极拳第一名

获2016年全国武术套路冠军赛陈式太极拳第一名

获2014年全国武术套路冠军赛太极拳金牌

2010年出访巴西表演太极拳

参加2013年《直通春晚·太极梅花桩》节目

在2018年中央电视台春节联欢晚会《双雄会》节目上表演太极拳

获2017年全国武术套路冠军赛太极拳金牌

与2018年中央电视台春节联欢晚会总导演杨东升合影

四十八式太极拳简介

四十八式太极拳，是中国国家体委继二十四式太极拳之后，于1979年组织专家编创的又一重要普及拳套。

此拳作为二十四式简化太极拳的继续和提高，不算起势与收势，动作也比二十四式太极拳多一倍，增大了运动量和多样性，更加充实完备。

四十八式太极拳不仅采用了杨式太极拳的立圆转换，而且多次运用吴式、孙式等传统太极的平圆手法，如“单鞭”“捋挤”中的云转、穿抹，“左右穿梭”“进步栽捶”“右蹬脚”中的平立圆变换，使动作更加圆活协调，巧妙得体；在步法上，四十八式太极拳在稳定轻灵的基础上，又吸取武式、孙式等流派的撤步、跟步等，增加了步法的灵活性。这样，整套太极拳路更显得顺遂流畅。

目 录

一、白鹤亮翅

（一）起势

【练法】

1. 身体直立，两脚并拢；头颈端正，下颌内收，胸腹放松，肩臂松垂，两手轻贴在大腿外侧；精神集中，呼吸自然。目视前方。（图1–1）

图1–1

2. 左脚向左轻轻分开半步，与肩同宽，脚尖向前。（图1-2～图1-4）

图1-2

图1-3

图1-4

3. 两手缓缓向前平举，手指微屈，手心向下。举至与肩同高，两臂距离约同肩宽，肘微下垂。（图1–5）

4. 上体保持正直，两腿缓慢屈膝半蹲；两掌轻轻下按，落至腹前，掌心向下，掌膝相对。目视前方。（图1–6）

图1–5

图1–6

【要点】

1. 屈膝程度要因人而异，一般来说，大腿与地面成45°～60°斜角。

2. 整个拳套，除少数动作（如仆步、开立步、独立步等）身体有明显升降外，应保持高度大体一致，不要忽高忽低，起伏不定。

（二）白鹤亮翅

1. 上体微左转，身体重心移至左腿；左掌微上提，左臂屈收在左胸前；右掌经腹前向左划弧。（图1–7）

图1–7

2. 两掌左上右下，掌心相对，在左胸前成“抱球”状；同时，右脚向右斜后方撤半步。目视左掌前方。（图1–8）

图1–8

3. 重心后移，腰随之右转，左脚提起并内收；右掌自左下方向右上方划弧；左掌经右肩前向下划弧。（图1–9、图1–10）

图1–9

图1–10

4.上体微左转，面向前方；两掌继续向不同方向划弧，左掌按于左胯旁，掌心向下，指尖向前；右掌提至额前右上方，掌心向内，两臂皆保持弧形；同时，左脚稍向内移，前脚掌着地，膝部微屈，成左虚步。目向前平视。（图1–11）

图1–11

【要点】

虚步时，两脚夹角大约45°，右腿膝部与脚尖、臀部与脚跟大体相对；上体保持端正，注意缩胯收臀，膝部不要过于里扣或外敞。

二、左搂膝拗步

【练法】

1. 上体微向左转；右掌经体前划弧下落，左掌经体侧划弧上举。（图2-1、图2-2）

图2-1

图2-2

2. 上体向右转；右掌经下向右后上方划弧至与耳同高，掌心斜向上；左掌经面前向右下划弧至右胸前，掌心斜向下；左脚收至右脚内侧。目视右掌。（图2-3、图2-4）

图2-3

图2-4

3. 上体微左转；左脚向前（偏左）迈出一步（两脚横向距离30厘米左右），身体重心前移；右掌叠收至右耳侧，左掌按至腹前。（图2-5）

图2-5

4. 左腿屈弓，右腿自然蹬直，成左弓步；同时，右掌屈收经耳侧向前推出，指尖高与鼻平；左掌向左下经左膝前搂过，按于左胯旁，掌心向下，指尖向前；上体正直，松腰、松胯。（图2–6）

图2–6

【要点】

1. 弓步时，两脚夹角为45°～60°（必要时，后脚跟可以后展调整），左膝大体与左脚尖垂直。

2. 为了保持重心稳定，弓步的两脚不要前后踩在一条线上，更不要左右交叉。应根据上体扭转程度和劲力方向，两脚保持10～30厘米的横向距离。

三、左单鞭

【练法】

1. 上体后坐，重心移向右腿，左脚尖翘起，并稍内扣，上体随之右转；右掌随转体后带，掌心向下；左掌自左下方经体侧向体前划弧，高与肩平，掌心斜向下；头随体转。（图3-1）

图3-1

2. 左脚落实，身体重心移至左腿，右脚收至左脚内侧；同时，左前臂微回收；右臂外旋，掌心向上。（图3-2、图3-3）

图3-2

图3-3

3. 右脚向右前方（假设面向南起势，此式应向西。下同）迈出一步（两脚横向距离10厘米左右），重心前移，成右弓步；同时，左掌附于右腕内侧（掌心同侧），两掌一齐自左向前划半个平圆，右掌心斜向内，左掌心斜向外；上体转向正前方，松腰、松胯。（图3-4～图3-6）

图3-4

图3-5

图3-6

4. 上动不停，上体后坐，右脚尖上翘；右掌自前向右、向后屈肘再划半个平圆，掌心向上；左掌仍附于右腕内侧，随右前臂划平圆。目视右掌。（图3-7）

图3-7

5. 右脚内扣落实，上体微左转，重心移于右腿，左脚随之收于右脚内侧；同时，右前臂在右肩前内旋后划弧前伸，右掌随之前按，至右前方时，右掌变勾手；左掌亦随右掌一起翻转（前臂外旋），收停在右肘内侧，掌心向内。（图3-8～图3-11）

图3-8

图3-9

图3-10

图3-11

6. 上体微左转，左脚向左前方（正东稍偏北）迈出一步，重心前移，成左弓步；同时，上体继续左转，左前臂内旋，左掌慢慢向前推出，掌心向前，指尖高与鼻平，左手与左脚上下相对。目视左掌。（图3-12、图3-13）

图3-12

图3-13

【要点】

1. 两臂划平圆时，腰部随之转动，上体要保持正直，不可俯仰歪斜。

2. 推掌、按掌以后，手臂要稍屈，肘要松沉，不可僵直或耸肩扬肘。

3. 初学者在收脚上步时，前脚掌可在支撑脚内侧轻轻点地，以利于重心稳定。

4. 重心前移成弓步时，后腿自然蹬直，膝部不要僵挺，脚跟可随之后展调整（下同）。

四、左琵琶式

【练法】

1. 腰部松缩，微向左转；右脚提起跟进半步，前脚掌着地，落在左脚后面；同时，左掌向内、向下划弧至左胯前；右勾手变掌，随腰转动向内、向前平摆至体前，掌心斜向上。目视前方。（图4–1）

图4–1

2. 重心后移，右脚落实，左脚稍向前上步，脚跟着地，成左虚步；同时，右掌随腰部微右转屈肘回带，掌心转向下；左掌向外、向前上方划弧挑举。然后两臂松沉合劲。左掌成侧立掌停于面前，指尖与鼻尖相对；右掌也成侧掌，屈臂合于胸前，掌心与左肘相对。目视左掌。（图4–2）

图4–2

【要点】

1. 右脚落步时，先以前脚掌着地，随重心后移再慢慢全脚踏实。

2. 提步时，脚跟先离地，然后轻轻将全脚提起。

3. 提步、落步要用力轻匀，不可突然蹬地、砸地。

五、捋挤式

【练法】

1. 左脚稍向左外挪动，然后全脚落实，重心前移，成左弓步，上体稍右转；右掌自左前臂上方穿出，由左向右前方划弧平抹，掌心斜向下；左掌微外旋（掌心斜向上）并向后划弧，收至右肘内侧下方。目视右掌。（图5-1、图5-2）

图5-1

图5-2

2. 两掌自前向下捋，左掌捋至左胯外侧，右掌捋至腹前；同时，右脚收于左脚内侧。目视右前方。（图5-3）

图5-3

3. 右脚向右前方（东南）迈出一步，脚跟着地；同时，两前臂旋转（左臂内旋，右臂外旋），两掌翻转屈臂上举，掌心相对，收于胸前；头随身体自然转动。（图5-4、图5-5）

图5-4

图5-5

四十八式太极拳

1-7式

8-13式

14-19式

20-28式

29-36式

37-48式

四十八式太极拳 正面

四十八式太极拳 背面

4. 右脚落实，重心前移成右弓步；两臂同时向前挤出，两臂撑圆。左掌贴近右腕，掌心向外，指尖斜向上；右掌心向内，指尖向左，高与肩平。（图5-6）

以上动作为“右捋挤式”。

图5-6

5. 重心后移，右脚尖翘起微内扣，再落地成右弓步；同时，上体左转，左掌自右前臂上方穿出，向左前方划弧平抹；右掌微向后划弧，收至左肘内则下方。（图5-7、图5-8）

图5-7

图5-8

6. 左捋挤式动作同右捋挤式，唯左右相反，方向为东北。（图5-9～图5-12）

图5-9

图5-10

图5-11

图5-12

7. 左捋挤式动作同右捋挤式。（图5-13 ~ 图5-18）

图5-13

图5-14

图5-15

图5-16

图5-17

图5-18

【要点】

1. 由捋变挤时，两掌在体前边翻转边上提，两手摆动不要超过身体。

2. 下捋与收脚、前挤与弓腿，要做到协调一致。

3. 收脚时，如果初学者掌握不好重心，前脚掌可以在支撑脚内侧点地停顿一下，然后再向前上步。类似动作皆可同样处理。

六、左搬拦捶

【练法】

1. 重心后移，右脚尖外展，上体右转；左掌向左前（正东）伸展，掌心斜向下；右掌同时向下划弧，掌心向上。（图6–1）

图6–1

2. 重心前移，左脚收于右脚内侧；右掌经下向右后划弧，再向上卷收，停于体前，掌心向下，高与肩平；左掌变拳，向下、向右划弧收于右腹前，拳心向下。向前平视。（图6–2、图6–3）

图6–2

图6–3

3. 左脚向前迈步，脚跟着地，脚尖外撇；左拳随之向前（正东）搬出，拳心翻向上，高与胸平；右掌经左前臂外侧顺势按至右胯旁。目视左拳。（图6–4）

图6–4

4. 重心前移，左脚落实；右脚经左脚内侧收提上步，腰向左转；左拳向左划弧收于左腰间，拳心向上；右掌经体右侧划弧向前拦出，高与胸平，掌心向前下方。目视右掌。（图6-5～图6-7）

图6-5

图6-6

图6-7

图6-7附图

5. 重心前移，成右弓步；左拳由腰间向前打出，拳眼向上，高与胸平；右掌同时收于左前臂内侧。目视左拳。（图6–8）

图6–8

【要点】

1. 两手划弧相交时，前后、上下要对称，划成两个相交的立圆。

2. 左拳搬出后再回收时，左前臂先内旋，然后再外旋并卷收于腰间。

3. 右掌拦出时，右前臂先外旋，然后再内旋并拦于体前。

七、左掤捋挤按

【练法】

1. 上体后坐，右脚尖外展，腰向右转；右前臂外旋，右掌向下划弧，掌心向上；左拳变掌，前臂内旋并前伸，掌心转向下。（图7-1）

图7-1

2. 右脚落实，重心前移；左脚收于右脚内侧；同时，左掌由前向下划弧至腰前；右掌自下向后、向上划弧收卷至胸前，两掌成“抱球”状。（图7–2）

图7–2

3. 上体微左转，左脚向前迈出一步，脚跟着地。（图7–3）

图7–3

4. 重心前移，右脚后蹬，脚跟后展，成左弓步；同时，左前臂向前掤出（即左臂成弧形，用前臂外侧向前上方架出），高与肩平，掌心向内；右掌向下按于右胯旁。（图7–4、图7–5）

图7–4

图7–5

5. 腰微向左转；左掌前伸并翻掌，掌心向下；右前臂外旋，掌心转向上，经腹前向上、向前伸至左前臂下方。（图7–6）

图7–6

6. 上体右转；两掌下捋并经腹前向右后上方划弧，右掌心斜向上，高与肩平；左掌心斜向后，左前臂平屈于胸前；同时，上体后坐，右腿屈膝，重心偏于右腿。（图7-7～图7-9）

图7-7

图7-8

图7-9

7. 上体左转，面向前方，重心前移，成左弓步；右臂屈肘，右掌卷收，掌尖向前搭近左腕。（图7-10）

图7-10

8. 双手同时慢慢向前挤出，高与肩平，左掌心向内，右掌心向前，两臂保持半圆形。目视左腕。（图7-11）

图7-11

9. 右掌经左腕上方伸出，两掌左右分开，与肩同宽，掌心向下。（图7-12、图7-13）

图7-12

图7-13

10. 随即上体后坐，重心移至右腿，左脚尖翘起；两臂屈肘，两掌收至胸前，掌心向前下方按。（图7-14、图7-15）

图7-14

图7-15

11. 左腿前弓，成左弓步；两掌落下经腹前向前、向上按出，腕高与肩平；松腰松胯，沉肩坠肘，塌腕舒掌。（图7–16）

图7–16

【要点】

1. 由捋变挤时，两手向身后摆开。

2. 由挤变按时，注意缩胯、敛臀，上体正直，不可前俯后仰。

八、斜身靠

【练法】

1. 重心移向右腿，左脚尖内扣，身体右转；右掌由左向右划弧至身体右侧；左掌对称地分举在身体左侧，两肘微屈。（图8-1、图8-2）

图8-1

图8-2

2. 身体重心移于左腿，右脚收于左脚内侧；同时，右掌向下、向左划弧收至体前，高与肩平；左掌收至体前，与右掌腕部交搭，抱成斜十字形（右掌在外），掌心都转向内。（图8-3、图8-4）

图8-3

图8-4

3. 上体微右转，右脚向右前方（正西偏北约30°）迈出，脚跟着地；同时，两拳前臂微内旋。（图8-5）

图8-5

4. 重心前移，左腿自然蹬直（脚跟随之后展），成右弓步；同时，两拳分别向左下和右上撑开，右拳停于右额角前，拳心斜向外；左拳下撑于左胯旁，拳心斜向身后；上体斜向西南。目视左前方。（图8-6）

图8-6

【要点】

定势时，弓步方向为西偏北，上体转向西偏南。注意沉肩松胯，肩、臂微向外撑劲，上体不要侧倒。

九、肘底捶

图9-1

【练法】

1. 重心左移，右脚尖随之翘起并内扣，上体左转；右拳变掌，前臂外旋，掌心向上并向内掩裹划弧；左拳同时变掌，向左、向内划弧。（图9-1）

2. 重心右移，左脚收至右脚内侧；右掌翻转并屈收在右胸前，掌心向下；左前臂外旋，左掌掌心翻转向上，并经腹前向右划弧，与右掌相对成“抱球”状（右上左下）。（图9-2、图9-3）

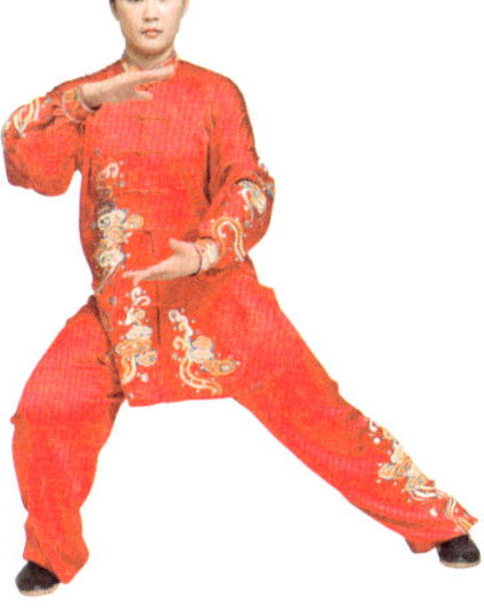

图9-2

图9-3

3. 上体左转，左脚向左前方摆脚迈步，脚跟着地，脚尖外撇；左掌经右前臂下方向左上方划弧，掌心向内，高与鼻齐；右掌经左胸前划弧下落至右胯旁。目视左掌。（图9–4）

图9–4

4. 上体继续左转，左脚落实，身体重心前移至左腿；右脚跟进半步，前脚掌着地落在左脚后面；左前臂内旋，左掌向左、向下划弧至体侧，掌心向下；右掌向右、向前划弧至体前，掌心斜向上，高与鼻平。面向正东。（图9–5）

图9–5

5. 重心后移，右脚落实；左脚向前微移，脚跟着地，成左虚步；左掌经腰间从右腕上方向前穿出成侧立掌，掌心向右，指尖与鼻尖相对；同时，右掌变拳回收，置于左肘内侧下方，拳眼向上。（图9–6、图9–7）

图9–6

图9–7

【要点】

1. 整个动作要连贯一气，以腰为轴带动四肢。

2. 定势时，松肩垂肘，微向下沉劲，右拳置于左肘下方偏右，保持胸部舒展。

十、倒卷肱

【练法】

1. 上体右转；右拳变掌，掌心向上，由前经右胯侧向后划弧平举，肘部微屈；随之左臂外旋，掌心翻向上。（图10-1、图10-2）

2. 左脚轻提，脚尖下垂，向后退步；右臂屈肘，右掌卷收。目视前方。（图10-3）

图10-1

图10-2

图10-3

3. 前左脚掌着地，随之身体重心后移，左脚踏实，右脚脚跟微外展，脚尖朝前成右虚步；同时，右掌经耳侧向前推出，掌心向前，高与肩平；左手向下撤至左胯前；上体正直，松腰松胯。目视右掌。（图10-4 ~ 图10-6）

图10-4

图10-5

图10-6

4. 上体左转；左掌向下、向左后方划弧、平举，掌心仍向上；同时，右臂外旋，掌心转向上。目随转体看左掌。（图10–7）

图10–7

图10–7附图

5. 右脚轻提，脚尖下垂，向后退步；左臂屈肘，左掌卷收。（图10–8）

图10–8

图10–8附图

6. 右脚前脚掌先落地，随之全部踏实，重心移至右腿；左脚跟微外展，左膝微屈，成左虚步；左掌屈肘卷收经耳侧向前推出，掌心向前，高与肩平；右掌向下、向后撤至右胯前。（图10–9 ~ 图10–11）

图10–9

图10–10

图10–11

7. 倒卷肱左右各重复一次，动作同前。（图10-12 ~ 图10-21）

图10-12

图10-13

图10-14

图10-15

图10-16

图10-17

图10-18

图10-19

图10-20

图10-21

【要点】

退步时，前脚掌先落地，然后全脚踏实，重心后移，做到虚实转换清楚；同时，两脚要保持约10厘米的横向距离，两腿不要成交叉状退步，以免重心不稳。

十一、转身推掌

1. 左脚撤至右脚后，前脚掌着地；左掌外旋先向上举，再收至右胸前，掌心向下；右掌由下向右上方划弧，掌心向上。目视右掌。（图11–1）

图11–1

2. 以左脚掌、右脚跟为轴向左后方转体，转身后重心仍在右腿；左脚向前（西北）迈步，在转动中右掌屈肘回收至耳侧；左手略向下按。目视左前方（西北）。（图11–2、图11–3）

图11–2

图11–3

3. 左脚向前（东南）上步，右脚随即跟进，落于左脚后侧，前脚掌点地，成丁步；同时，左掌下落，经左膝前搂过按于左胯旁，掌尖向前；右掌经耳侧向前推出，掌尖向上，掌心向前，指尖高与鼻平。目视右掌。（图11–4）

图11–4

4. 以左脚跟、右脚掌为轴向右后方转体，转身后重心仍在左腿；同时，左臂外旋，并向左、向上划弧上举至耳侧，左掌心向上；右掌下落至左胸前，掌心向下。目视右前方。（图11–5 ~ 图11–7）

图11–5

图11–6

图11–7

5. 右脚向前（东南）上步，左脚随即跟进，落在右脚后面，前脚掌着地，成丁步；右掌经右膝前搂过，掌尖向前，按于右胯旁；左掌经耳侧向前推出，掌尖向上，掌心向前，指尖高与鼻平。目视左掌。（图11-8）

图11-8

6. 左右转身推掌各重复一次。动作同前，唯方向分别为东北和西南，与前面的转身推掌恰成四角方向。（图11-9～图11-15）

图11-9

图11-10

图11-11

图11-12

图11-13

图11-14

图11-15

【要点】

1. 丁步时，两脚横向、竖向均要保持10厘米的距离，以便于转动。

2. 转动时，重心置于两脚间；转身后，重心移向后腿，保证转动灵活。

3. 整个动作要做得既轻灵又沉稳。

十二、右琵琶式

1. 左脚向后（偏左）撤半步，身体重心移于左腿，上体左转；左臂屈收，左掌带至左胸前，掌心斜向下；右掌随之向前、向上划弧至体前，掌心斜向左；头随体转，目平视。（图12-1）

图12-1

2. 上体微右转；右掌微向下沉，前臂微外旋，掌心向左成侧立掌，指尖与鼻尖相对，左掌自左胸前向前合于右臂内侧，掌心向右，与右肘相对；同时，右脚提起微移，脚跟着地，右膝微屈，成右虚步；面向正西。目视右掌。（图12-2、图12-3）

图12-2

图12-3

【要点】

定势时，两臂轻轻沉合，注意正头、竖颈、松腰、沉肩，上体正直，方向转为正西方。

十三、搂膝栽捶

1. 上体左转，右脚收于左脚前，脚尖点地；两掌下捋至腹前，掌心斜相对；头随体转。目平视前方。（图13–1）

2. 右脚前进半步；两掌翻转提到胸前右掌心向上，高与肩平；左掌心向下，附于右腕内侧。（图13–2）

图13–1

图13–2

3. 重心前移至右腿，随之左脚跟进，落于右脚后面，前脚掌着地；同时，向左、向前划平弧。目视右掌。（图13–3、图13–4）

图13–3

图13–4

4. 重心移向左腿，上体左转；左前臂外旋，左掌向下、向后划弧上举，手心斜向上，高与头平；右掌经面前向左划弧，按于左胸前，掌心向下。目视左掌。（图13–5、图13–6）

图13–5

图13–6

5. 上体右转，右脚向前迈出；左掌变拳，屈肘于左耳侧；右掌下按至腹前。（图13-7）

6. 左腿蹬直，成右弓步；右掌向下经右膝前搂过，按于右胯旁，掌尖向前；左拳向前下方打出，拳眼向右，拳面斜向前下，高与腹平。目视前下方。（图13-8）

图13-7

图13-8

【要点】

1. 两臂沿平圆和立圆交替划弧，衔接力求圆活，要以腰带动。

2. 定势时，上体不可过于前倾，步形为拗弓步。

3. 凡拗弓步步形（搂膝拗步、左右穿梭等），要注意保持两脚间的较大跨度，做到重心稳定，上体自然。

十四、白蛇吐芯

【练法】

1. 重心后移，右脚尖翘起；左拳上提，右掌上托。目视右掌。（图14-1）

图14-1

2. 右脚内扣，向左后转身，重心右移。左脚原地提起，向外扭转；右脚跟随转体离地扭转，两腿交叉相叠，成歇步；左拳变掌，经体前下落，收至腰间，掌心向上；右掌经耳侧向前推出，高与胸平，掌心向前。目视右掌。（图14-2～图14-4）

图14-2

图14-3

图14-4

3. 重心前移，右脚提起向前上一步；左掌向上卷收并经耳侧前推；右掌翻转向上。（图14-5、图14-6）

图14-5

图14-6

4. 右脚尖外撇落地，上体右转，左脚跟随转体离地扭转，两腿成歇步；左掌向下、向前推出，掌心向前，高与胸平；右掌由向下、向后收在腰间，掌心向上。目视左掌。（图14–7）

图14–7

【要点】

1. 左脚向外扭转时，应原地提起，然后横落体前。

2. 转身和上步时，要保持上体正直，不要歪扭。

3. 两腿半蹲成歇步时，重心略偏于前腿。

十五、拍脚伏虎

【练法】

1. 重心前移，左脚向前垫步；左掌向左下方划弧；右掌向后、向上划弧，停于头右侧，准备拍脚。目向前平视。（图15-1、图15-2）

图15-1

图15-2

2. 左脚落实；右脚向前、向上踢出，脚面自然伸平；右掌向前击拍右脚面；左掌向后、向上划弧平举于身体左后方，掌心向外，高与肩平。目视右掌。（图15-3、图15-4）

图15-3

图15-4

3. 右脚向左前方盖步落下，左脚在右脚落地之际随即提起；同时，两掌一齐向右平摆，掌心均向下。目视右掌。（图15-5、图15-6）

图15-5

图15-6

4. 左脚向左侧（正北）上步；两掌随左转体经腹前向下、向左划弧。（图15-7）

图15-7

5. 左掌变拳，向右屈肘平贯，停于左额前，拳心斜向外；右掌变拳，向左平贯，停于左肋前，拳心斜向下；松腰、松胯。目转看右前方（正东）。（图15-8）

图15-8

图15-8附图

6. 重心后移，左脚尖内扣，上体右转；同时，两拳变掌，左掌收于胸前，掌心斜向上；右掌掌心斜向下，从左前臂上方穿出。目平视前方。（图15-9）

图15-9

7. 右脚提起，经左脚内侧向前（正东）垫步；左掌向下、向后、向上划半个立圆，至头左侧，掌心向前，准备拍脚；右掌向前、向下划半个立圆，停于右胯旁。目平视前方。（图15-10、图15-11）

图15-10

图15-11

8. 左腿向前、向上踢出，脚面伸平；左掌向前击拍左脚面；右掌向后、向上划弧，平举于身体右后方，高与肩平，掌心向外。目视左掌。（图15–12）

图15–12

9. 左脚向右前方盖步落下，右脚在左脚落地之际随即提起；同时，两掌一齐向左平摆，掌心向下。（图15–13、图15–14）

图15–13

图15–14

10. 右脚向右侧（正南）上步，身体右转；两掌经腹前向下、向右划弧，逐渐握拳。目视右拳。（图15-15）

图15-15

11. 右拳向左屈肘平贯，停于右额前，拳心斜向外；左拳向右平贯，停于右肋前，拳心斜向下；松腰、松胯，两腿成右弓步。目转看左前方（正东）。（图15-16）

图15-16

【要点】

1. 拍脚前，两臂动作要与上步协调配合，不可上下脱节，也不要挺胸直臂。

2. 拍脚时，支撑腿微屈站稳，拍脚高度因人而异，不可弯腰憋气、强求高度。

3. 拍脚后，先折收小腿再盖步落地。落地要轻缓，不要故意腾空纵跳，落点不要太远，应偏于侧前方。

4. 拍脚后，也可向身后插步落地，随之向体侧撤步转体，接做伏虎势。插步练法也要求落脚轻缓，移动平稳。

5. 定势时，贯拳要与弓步同时完成。

十六、左撇身捶

【练法】

1. 重心后移，右脚内扣，上体左转；同时，右拳变掌，掌心斜向上，收于胸前；左拳亦变掌，掌心斜向下，从右前臂上方向前穿出。目视右掌。（图16–1）

2. 右脚踏实，身体重心移于右腿，上体左转；左掌微向上、向前划弧，掌心向下；右掌向下、向后划弧收至右胸前，掌心向上。目视左掌。（图16–2）

图16–1

图16–2

3. 上体右转，左脚提起；右掌向上划弧，左掌向腹前划弧。（图16–3）

4. 左脚收至右脚内侧；左掌下落，握拳收至小腹前，拳心斜向内，拳眼向右；右掌向后、向上再向体前划弧，翻掌向下附于左前臂内侧（掌心向下）。目视左前方。（图16–4）

图16–3

图16–4

5. 上体微左转，左脚向左前方（东北）迈出一步；左拳从左肩向上划弧。目视左拳。（图16–5）

图16–5

6. 重心前移，成左弓步；左拳经面前向前撇打，拳心斜向上，高与头平；右掌仍附于左前臂内侧。目视左拳。（图16-6）

图16-6

【要点】

1. 撇拳前，右脚内扣不要过大，左掌应向正东方向穿出。

2. 回收时，两手交叉划圆，左掌边收边握拳，不要做成捋的动作。

3. 整个动作要注意腰的转动，做到周身协调完整。

十七、穿拳下式

【练法】

1. 重心后移，左脚尖翘起微外展，上体稍左转；左拳变掌向上、向左划弧；右掌向下、向右划弧，两掌心皆向下。（图17–1）

2. 左脚落实，重心前移；两掌继续划立圆，逐渐握拳，左拳拳心向内收于腹前，右拳拳心向内合于面前。（图17–2）

图17–1

图17–2

3. 右臂掩肘下落，左拳从右前臂外侧上穿；同时，右脚收于左脚内侧，左腿屈膝下蹲。（图17-3）

图17-3

图17-3附图

4. 上体右转，右脚向右侧（正东偏南约30°）伸出，成右仆步；右拳经腹前沿右腿内侧向右前方穿出；左拳向左后上方伸展，两拳拳眼均转向上。目视右拳。（图17-4、图17-5）

图17-4

图17-5

【要点】

1. 左脚尖外展不要过大。右脚提收后，可稍点地停顿。

2. 仆步方向应为正东偏南。仆步时，要先屈蹲左腿，随之右腿向右侧仆出（不要用右脚跟擦地滑出），然后转体穿拳。两脚要全脚踏实，脚跟不可掀起。

3. 老年人可以放高姿势，左腿半蹲做成半仆步。

十八、独立撑掌

【练法】

1. 重心前移，右脚尖外展；左脚尖内扣，左腿微伸直；同时，右拳略向上挑，左拳稍向下落，两拳拳眼仍向上。目视前方。（图18–1）

2. 右脚蹬地，左脚提起；右拳变掌微内旋；左拳变掌下落，经腰侧向前、向上方穿出，掌心向内。（图18–2）

图18–1

图18–2

3. 右腿起立微屈站稳；左腿屈膝提至体前，脚面展平，成右独立步；同时，右掌向下按于右膝前，掌尖向左；左掌从右前臂内侧上穿，翻掌撑于头前上方，掌尖向右，掌心斜向上。（图18–3）

4. 左脚向前（偏左）落步。（图18–4）

5. 左脚踏实，右脚上提；重心前移，左掌下落；右掌上穿，掌心向内。目视右掌。（图18–5）

图18–3

图18–4

图18–5

6. 身体左转，右腿屈膝提至体前，脚面平展，成左独立步；右前臂外旋，经体前从左前臂内侧上穿，翻掌撑于头上（掌尖向左，掌心斜向上）；左掌下落按于左膝前（掌尖向右）。目视前方。（图18–6）

图18–6

【要点】

1. 独立步时，支撑腿微屈，膝部不要僵挺。

2. 向上穿掌时，要配合腰部的轻轻旋转。

3. 撑掌时，上体保持正直，头向上顶，全身要松沉。

十九、右单鞭

【练法】

1. 右脚后撤一步，左腿屈蹲，成左弓步；同时，右掌向前、向下落，掌心转向上；左掌自右前臂上方向上、向前伸，掌心向下。目视左掌。（图19-1）

2. 重心后移；两掌自体前向下、向后一齐捋回。（图19-2）

图19-1

图19-2

3. 左掌经腹前翻转上举，高与胸平，掌心向内；右掌同时翻转上举，掌心向前，掌指附于左腕内侧；头随体转。（图19–3）

图19–3

4. 重心前移，左腿屈膝前弓，上体左转；左掌自右向前划平圆，高与肩平，掌心斜向内；右掌尖附于左腕内侧随之划圆。目随左掌。（图19–4）

图19–4

5. 重心后移，左脚尖上翘；左掌继续屈肘向左、向后划平圆，掌心翻转向上；右掌随之转动。目视左掌。（图19-5）

图19-5

6. 左脚尖内扣落实，重心移至左腿；左掌随左前臂内旋向左前方按出，随之变成勾手；右前臂微外旋，右掌掌心转向内，收于左肘弯处；同时，右脚回收于左脚内侧。目视左勾手。（图19-6、图19-7）

图19-6

图19-7

7. 上体稍右转，右脚向右前方（正西稍偏北）迈出，重心前移成右弓步；右掌随转体慢慢翻掌并向前推出，掌心向前，掌尖向上，高与鼻平，右肘与右膝上下相对。目视右掌。（图19–8、图19–9）

图19–8

图19–9

【要点】

1. 弓步方向应略偏向西北。胸部舒展且内含，肘、肩都要松沉，手臂不要僵直，两臂不要伸成一条直线。

2. 推掌要走弧形，边翻边推，并与转腰相配合，到终点时松肩塌腕，向下沉劲。

二十、右云手

【练法】

1. 上体左转，重心移向左腿，右脚尖内扣；右掌向下、向左划立圆，掌心向内；左勾手变掌。目视右掌。（图20-1）

2. 右掌经面前向右划立圆，掌心向内；左掌向下经腹前划立圆，同时，左前臂外旋，掌心由外逐渐转内；身体重心渐渐移向右腿，上体和视线均随右掌转动。（图20-2、图20-3）

图20-1

图20-2

图20-3

3. 上体继续右转，右掌划弧到身体右侧，前臂内旋，掌心翻转向外；左掌向上划弧，掌心向内；同时，左脚向右脚收拢，成小开立步，两脚相距10～20厘米，脚尖向前。目视右掌。（图20-4）

图20-4

4. 上体左转，重心移向左腿；左掌经面前向左、右掌经腹前向左同时划立圆；上体和视线均随左手移动。（图20-5）

图20-5

5. 上体继续左转，右脚向右侧跨一步，脚尖仍向前；两掌云至身体左侧时逐渐翻转，左掌心翻转向外，右掌心翻转向内。目视左掌。（图20-6、图20-7）

图20-6

图20-7

6. 上体右转，重心移至右腿，左脚收并，两脚相距10～20厘米；右掌经面前向右、左掌经腹前向右同时做立圆云转。云至身体右侧时，两掌逐渐翻转；上体和视线随右手转动。（图20-8、图20-9）

图20-8

图20-9

7. 右云手再重复一次，动作同前。（图20-10～图20-14）

图20-10

图20-11

图20-12

图20-13

图20-14

【要点】

1. 两脚要平行向右移动。开步和并步要轻提轻落，前脚掌内侧先着地。

2. 整个动作要均匀、平稳、连贯，以腰为轴，上体要保持正直。

3. 两掌云转时，上掌尖高不过眉，下掌尖低不过裆，翻掌不可突然。

二十一、右左分鬃

【练法】

1. 重心移至左腿，上体左转；两掌继续向左云转，至体前时，两掌翻转相对成“抱球”状；同时，右脚轻轻提起。（图21–1）

2. 上体微右转，右脚向前（偏右）迈出一步，脚跟着地。（图21–2）

图21–1

图21–2

3. 右腿前弓，成右弓步（两脚横向距离约30厘米）；两掌随转体分别向右上和左下分开，右掌尖高与眼平，掌心斜向上；左掌按于左胯旁，掌心向下，掌尖向前。目视右掌。（图21-3、图21-4）

图21-3

图21-4

4. 上体后坐，右脚尖外展。随之身体微右转，左脚落实，重心前移；左脚收于右脚内侧；右臂内旋，掌心向下；左臂外旋，掌心向上，两掌右上、左下在胸前“抱球”。（图21-5～图21-7）

图21-5

图21-6

图21-7

5. 上体左转，左脚向前（偏左）迈出一步，脚跟着地。（图21-8）

图21-8

6. 左腿前弓，成左弓步；两掌随转体分别向左上和右下分开，左掌尖高与眼平，掌心斜向上；右掌按于右胯旁，掌尖向前。目视左掌。（图21-9）

图21-9

【要点】

1. 右左分鬃较前掤动作更开展一些，前臂稍向外斜，腰扭转幅度也较大，所以两脚跨度应加大一些。

2. 弓步时，分掌和弓腿要协调一致，后腿边蹬直，脚跟边外展，两脚夹角为45°～60°。类似动作皆如此处理。

二十二、高探马

【练法】

1. 重心移至左腿，右脚前收；左掌微外旋；右掌自下向后平举，高与肩平，掌心转向上。目向前平视。（图22–1）

2. 重心后移，右脚踏实，上体微向右再向左转；左脚稍向前垫步；右掌卷收至耳旁。（图22–2）

图22–1

图22–2

3. 左前脚掌着地，成左虚步；左掌下落收至腰前，掌尖向前，掌心向上；右掌向前推出，掌心斜向前。目视右掌。（图22-3）

图22-3

【要点】

跟步、坐腿和垫步时，腰部都要自然地微微左右转动，防止俯身、凸臀和高低起伏。

二十三、右蹬脚

【练法】

1. 上体右转，左脚轻轻提起上步，脚跟落地；右掌向右后带；左掌向左、向前划弧。（图23-1、图23-2）

图23-1

图23-2

2. 左脚落实，重心前移，成左弓步；同时，左前臂外旋，掌心向上，稍向后收；右掌自左前臂上方穿出。目视右掌。（图23-3、图23-4）

图23-3

图23-4

3. 右腿屈膝提起，腰部微向左再向右旋转；右掌、左掌向上同时划圆，至胸前两腕相交。两掌合抱成斜十字，举于胸前（右掌在外），掌心均向内。目视右前方。（图23-5、图23-6）

图23-5

图23-6

4. 左腿微屈站稳，右脚向右前方（西偏北约30°）慢慢蹬出，脚尖回勾，力在脚跟；两掌分别向右前和左后方划弧撑开，肘部微屈，腕与肩平，掌心向外，右臂、右腿上下相对。目视右掌。（图23-7）

图23-7

【要点】

1. 蹬脚前，两掌的转换要与腰部旋转相配合，掌运转路线（平圆、立圆）要衔接，动作要圆活。

2. 蹬脚时，两掌向斜前、斜后弧形撑开，不可直推猛撑。

3. 蹬脚要匀要稳，上体保持自然正直，不要弯腰低头。

二十四、双峰贯耳

【练法】

1. 右小腿收回，右膝平屈，脚尖自然下垂；左前臂外旋，左掌由后向上、向前划弧下落，掌心向上；右掌心翻转向上，与左掌同时平行落于右膝上方。目向前平视。（图24-1）

图24-1

2. 右脚向前方（西偏北约30°）落下，脚跟着地；两掌下落，经两胯旁慢慢握拳。目视前方。（图24-2、图24-3）

图24-2

图24-3

图24-3附图

3. 右脚落实，重心前移，成右弓步；两拳分别从两侧向上、向前贯出，高与耳齐，两拳眼斜向下，相距约一头宽，两臂成钳形。目视前方。（图24-4）

图24-4

【要点】

1. 不可低头弓腰、耸肩扬肘。

2. 方向与右蹬脚一致，皆为西偏北。

二十五、左蹬脚

【练法】

1. 重心后移，右脚尖翘起微外展；两拳变掌，向左右同时分开，掌心皆向外。目视前方。（图25–1）

2. 重心前移，左腿屈膝提起，腰微向右再向左旋转；同时，两掌分别从左右侧向下、向内划弧，在胸前交叉抱成斜十字形（左掌在外），掌心均向内。目视左前方。（图25–2、图25–3）

图25–1

图25–2

图25–3

3. 右腿微屈站稳；左脚向左前方（西偏南约30°）慢慢蹬出，脚尖回勾，力在脚跟；两掌向左前方和右后方同时划弧撑开，肘部微屈，腕与肩平，左臂、左腿上下相对。目视左掌。（图25-4）

图25-4

【要点】

同右蹬脚，唯左右相反（方向为西偏南）。

二十六、掩手撩拳

【练法】

1. 左脚收回，落于右脚内侧，脚尖点地，上体微向右转；两掌自两侧向上、向内划弧，举于面前；同时，右掌变拳，两手心均向内。目视前方。（图26-1、图26-2）

图26-1

图26-2

2. 左脚向左前方（西南）迈出一步，脚跟着地；上体向右拧转，两臂外旋，同时向怀中掩裹下落至右腰间，右拳落于左掌心上，两手心均向上。（图26-3）

图26-3

图26-3附图

3. 上体左转，重心左移；左腿前弓，右腿蹬展，成左弓步；左掌随左转腰握拳，收至左腰间，拳心向上；右拳随上体左转，向前（正面）直臂撩出（也可快速发力撩弹），高与腹平，拳眼向左，拳面斜向前下。目视右拳。（图26-4）

图26-4

【要点】

1. 步形为左弓步（方向为西偏南）。撩拳方向为正西，撩拳后要松肩、垂肘、顺肩。

2. 如果采取快速发力练法，要注意周身完整，腰腿发力，弓步斜向和顺肩程度较前稍大。

3. 前臂弹抖要快速松展，拳高不过肩，前后衔接，圆活自然，气势贯穿。

二十七、海底针

【练法】

1. 右脚跟进半步，在左脚侧后方落下，前脚掌先着地，然后全脚踏实；左拳变掌，向上翻转，掌心向下；右拳变侧掌下落。目视斜前方。（图27-1）

2. 上体右转，身体重心后移至右腿，左脚轻轻提起；右掌向前划平弧，经体右侧向上抽提至右耳旁；左掌按至左腰间。（图27-2）

图27-1

图27-2

3. 上体左转；右手从耳侧向前下方插掌，掌尖斜向前下，掌心向左；左手向左划弧按于左胯旁，掌尖向前；左脚向前移半步，前脚掌着地，成左虚步，塌腰、沉肩。目视前下方。（图27-3）

图27-3

【要点】

1. 跟步和坐腿时，要配合腰部自然旋转。

2. 定势时，右肩前顺，上体可稍向前倾。

二十八、闪通背

【练法】

1. 上体微右转，左脚提起，准备上步；两掌上提，左掌指靠近右腕内侧。目视前方。（图28-1）

2. 左脚前落，重心前移，成左弓步；右掌经面前翻掌上撑，停于右额旁，掌心斜向上，掌尖向左；左掌经胸前向前推出，掌心向前，高与鼻平。目视左掌。（图28-2、图28-3）

图28-1

图28-2

图28-3

【要点】

1. 提手时，不要耸肩吊肘。

2. 定势时，要向前、向下松腰，右胯不要外敞。

二十九、右左分脚

【练法】

1. 重心后移，左脚尖充分内扣，上体向右后转动；两掌向两侧划弧，掌心向外。（图29-1）

2. 重心左移，收回右脚，脚尖点地（也可不点地）；两手向下再向体前划弧，在腹前交叉。（图29-2）

3. 左腿微屈站稳，右腿屈膝提起。（图29-3）

图29-1

图29-2

图29-3

4. 右脚向右前方（正东偏南）慢慢踢出，脚面展平；两掌同时向右前方和左后方划弧撑开，掌心皆向外，腕高与肩平，肘部微屈，右臂、右腿上下相对。（图29-4）

图29-4

5. 右小腿屈收，右脚向右前方（东南）落下，脚跟着地；右前臂外旋，右掌心转向上并稍向内收；左掌下落，经左腰侧向前、向上划弧。（图29-5、图29-6）

图29-5

图29-6

6. 重心前移，左腿蹬直；左掌向上、向前划弧，掌心向下，从右前臂上方穿出；右掌向下、向后划弧，掌心向上。目视左掌。（图29-7、图29-8）

图29-7

图29-8

7. 左腿慢慢提膝，腰微向右再向左旋转；左掌向下、右掌向上同时继续划圆弧，至胸前时两掌腕部交叉，合抱成斜十字形（左外右内），掌心皆向内。目视左前方（正东偏北）。（图29-9、图29-10）

图29-9

图29-10

8. 右腿微屈站稳；左脚向左前方（正东偏北）慢慢踢出，脚面展平；两掌同时向左前和右后方划弧撑开，掌心皆向外，腕高与肩平，肘部微屈，左臂、左腿上下相对。目视左掌。（图29-11）

图29-11

【要点】

参看“右蹬脚”。

三十、搂膝拗步

【练法】

1. 左小腿屈收，左脚落于右脚内侧，上体右转；右掌翻转上举，高与头平；左掌随转体向上、向右划弧落于右肩前，掌心向下。目视右掌。（图30-1）

2. 上体左转，左脚向前（偏左）迈出一步，脚跟着地；左掌下落划平弧至腹前，右掌屈收至耳侧。目视前方。（图30-2）

图30-1

图30-2

3. 重心前移，成左弓步（两脚跨度约30厘米）；左掌经左膝前搂过按于左胯前，掌尖向前；右掌向前推出，掌心向前，高与鼻平。目视右掌尖。（图30-3、图30-4）

图30-3

图30-4

4. 重心后移，左脚尖翘起外展，上体左转；两前臂外旋，右掌心转向左，左掌心转向上。（图30-5）

图30-5

5. 左脚踏实，重心前移，右脚提起向前（偏右）上步，接做右搂膝拗步。动作同左式，唯左右相反。（图30-6～图30-8）

图30-6

图30-6附图

图30-7

图30-7附图

图30–8

【要点】

推掌时，肩略向前顺，松腰、沉肩，上体正直。

三十一、上步擒打

【练法】

1. 重心后移，右脚尖翘起并外展；左掌翻转向上并微向后收；右掌屈肘从左前臂上方向前穿出，掌心斜向外。（图31-1）

2. 右脚落实，重心前移，身体右转；右掌自左向前、向右抹掌划弧；左掌向右、向后划弧，收于腹前。（图31-2）

图31-1

图31-2

3. 左脚提起，向前上一步；右掌向外划弧，再握拳收于右腰间，拳心向上；左掌向左再向前划弧，扣腕握拳停于体前，拳心向下，拳眼斜向内，高与肩平。（图31-3、图31-4）

图31-3

图31-4

4. 左脚落实，重心前移，成左弓步；右拳自腰间向前打出，拳眼向上，高与肩平；左拳微向后收于右腕下方，拳心向下。目视右拳。（图31-5）

图31-5

【要点】

1. 穿掌外抹接两掌划弧，要连贯圆活。

2. 腰部先向右转，再向左转，将右拳打出。

三十二、如封似闭

【练法】

1. 右脚跟进半步，前脚掌着地；同时，两拳变掌平分开，与肩同宽，掌心斜向上。（图32-1）

2. 重心后移，右脚落实；左脚提起，向前上半步，脚跟落地；两掌慢慢收至胸前下按，两前臂边收边内旋，掌心翻转，两掌下落至腹前。（图32-2）

图32-1

图32-2

3. 左腿屈膝，成左弓步；双掌向前平推，与肩同高、同宽。目视前方。（图32-3）

图32-3

【要点】

1. 两掌后收时，要边收、边分、边翻转，并以两肘牵引；不要肘部不动，前臂扬起向后卷收。

2. 重心移动要虚实清楚，按掌和弓腿要协调一致、同时完成。

三十三、左云手

【练法】

1. 重心后移，左脚尖内扣，上体右转；右掌自左向右经面前划立圆，掌心向外；左掌自左经腹前向右划立圆，掌心由外转向内。上体及视线随右掌转动。（图33-1）

图33-1

2. 上体左转，重心移至左腿，右脚收于左脚内侧落地，两脚相距10～20厘米，脚尖皆向前；同时，左掌掌心向内，自右经面前向左立圆云转，至身体左侧时翻掌向外；右掌自右经腹前向左立圆云转，掌心由外转向内。上体及视线均随左掌转动。（图33-2、图33-3）

图33-2

图33-3

3. 上体右转，重心移向右腿，左脚向左侧跨出一步，脚尖仍向前；右掌经面前向右立圆云转，左掌经腹前向右立圆云转。云至身体右侧时，两掌逐渐翻转。上体及视线随右掌转动。（图33–4、图33–5）

图33–4

图33–5

4. 上体左转，重心移至左腿，右脚收于左脚内侧（两脚相距10～20厘米），脚尖皆向前；同时，左掌经面前向左立圆云转，右掌经腹前向左立圆云转。云至身体左侧时，左掌心转向外，右掌心转向内。上体及视线均随左掌转动。（图33–6、图33–7）

图33–6

图33–7

5. 上述动作再重复一次，唯最后收并右腿时，右脚内扣约45°。（图33-8～图33-11）

图33-8

图33-9

图33-10

图33-11

【要点】

1. 同“右云手”，唯行进方向向左。

2. 第三次收右步时，注意内扣右脚，以便于转接下个动作。

三十四、右撇身捶

【练法】

1. 重心右移，左脚向身后（西北）撤一步，右腿弓屈，成右弓步；左掌翻转，掌心向上，向体前划弧，收于腹前；右掌掌心翻转朝前下。目视前方。（图34-1、图34-2）

图34-1

图34-2

2. 重心后移于左腿，右脚收至左脚内侧，脚尖点地，上体左转；右掌下落变拳收至小腹前，拳心向内，拳眼向左；左掌向左向上再向体前划弧，翻掌向下附在右前臂内侧；头随身转。（图34-3、图34-4）

图34-3

图34-4

图34-4附图

3. 身体微右转，右脚向前（东南）迈出；右拳从腹前经左肩向上划弧，拳心向内。目视右拳。（图34-5）

图34-5

4. 重心前移，右腿屈膝，左腿伸直，成右弓步；右拳上提经左胸前向上、向前撇出，拳心斜向上，高与头平；左掌附于右前臂内侧，随之一起向前撇出。目视右拳。（图34-6）

图34-6

【要点】

1. 方向为东南，步形成右弓步，两腿不要歪拧、交错。

2. 其他参考“左撇身捶”。

三十五、左右穿梭

1. 重心后移，右脚尖翘起内扣，上体稍左转；左掌自右前臂上方穿出，掌心斜向下；右拳同时变掌，微向后收，掌心斜向上。（图35-1）

2. 上体稍左转，右脚落实，重心移于右腿；左掌向左前方抹掌；右掌收于左肘内侧下方，两掌心斜相对。目视左掌。（图35-2、图35-3）

图35-1

图35-2

图35-3

3. 上体右转；两掌自前向下捋回，右掌捋至右胯旁，掌心向上；左掌捋于腹前，掌心斜向下；同时，左脚收至右脚内侧。目视左前方。（图35-4）

图35-4

4. 左脚向左前方（东北）迈出一步；左前臂外旋，右前臂内旋，两掌上提至胸前。右掌指附于左腕内侧，随重心前移自右向前划平圆，左掌心斜向上，右掌心斜向下，高与肩平。目视左掌。（图35-5、图35-6）

图35-5

图35-6

5. 上体左转，左脚落实；左臂屈肘，左掌向左、向后划平圆，掌心斜向上；右掌仍附于左腕内侧。右脚向前跟进半步，重心后移于右腿；左脚向前（东北）迈出一步（两脚横向距离约30厘米），脚跟落地，上体右转；右掌收于腰间；左前臂内旋，左掌心斜向前。目视左前方。（图35-7、图35-8）

图35-7

图35-8

6. 左腿屈膝成左弓步，上体左转；左掌上架于左额前上方，掌心斜向上；右掌向前推出，掌心向前，高与鼻平。目视右掌。（图35-9）

图35-9

7. 重心后移，左脚尖翘起内扣，上体右转；左臂外旋，左掌心斜向上落于体前；右掌稍回收，再从左前臂上方穿出。（图35-10）

8. 左脚落实，重心前移于左腿，上体稍右转；右掌向右前方抹掌；左掌收于右肘内侧下方，两掌心斜相对。目视右掌。（图35-11）

图35-10

图35-11

9. 上体左转；两掌自前向下捋回，左掌捋至左胯旁，掌心向上；右掌捋至腹前，掌心斜向下；同时，右脚收于左脚内侧。目视右前方。（图35-12）

图35-12

10. 右脚向右前方（东南）迈出一步，重心前移，成右弓步；两前臂旋转，两掌向上收至胸前。左掌指轻附于右腕内侧，随重心前移自左向前划平圆，右掌心斜向上，左掌心斜向下，高与肩平。目视右掌。（图35-13～图35-15）

图35-13

图35-14

图35-15

11. 上体左转，左脚向前跟进半步；右臂屈肘向右、向后划平圆；左掌仍附于右腕内侧。左脚落实，重心移至左腿；右脚向前（东南）迈出一步（两脚横向距离约30厘米），右腿屈膝，成右弓步。上体右转；右掌上架于右额前上方，掌心斜向上；左掌向前推出，高与鼻平，掌心向前。目视左掌。（图35-16、图35-17）

图35-16

图35-17

【要点】

1. 手脚动作配合要协调，应大体做到扣脚（扣到和中线大体平行）和穿掌一致，弓腿和抹掌一致，下捋和收脚一致，翻掌向前划平圆与上步弓腿一致，向后划平圆和跟步一致，翻掌和后坐一致，前推上架和上步弓腿一致。

2. 定势方向分别为东北和东南；步形为拗弓步，跨度应保持30厘米左右；上体要直，胯要正，防止吊肘、歪身、扭胯。

三十六、退步穿掌

【练法】

1. 重心后移至左腿，上体左转；左掌向左、向后划弧至左腰侧，掌心向下；右前臂向外旋，右掌落于体前。（图36–1）

2. 右脚提起经左脚内侧向后（正西）撤步，左腿屈膝，成左弓步；右掌下按，落于左肘下方；左掌掌心翻转向上，卷收至腰间，再经右前臂上方向前上方穿出，高约与肩平。目视左掌。（图36–2、图36–3）

图36–1

图36–2

图36–3

【要点】

1. 坐腿要充分，收脚要轻，退步要稳，方向转为正东。

2. 上下要配合，手的动作不要过快。

三十七、虚步压掌

【练法】

1. 重心后移，左脚内扣，上体右后转；同时，右掌收至腹前；左掌举于左额上方。（图37-1、图37-2）

图37-1

图37-2

2. 重心后移至左腿，右脚提起，脚尖转向前，成右虚步；上体向下松沉，微向前俯；左掌自上而下横按于右膝上方，掌心向下，拇指向内；右掌按于右胯旁，掌尖向前。（图37–3）

图37–3

图37–3附图

【要点】

1. 转身成虚步时，右脚要稍向右调整移动，做到松腰、松胯。

2. 压掌时，要顺肩转腰，不要低头弯腰，上体不要过于前俯。

三十八、独立托掌

【练法】

1. 左脚蹬地，左腿微屈站稳；右腿屈膝提起，脚尖自然下垂，成左独立步；同时，上体左转，右掌翻转上托，举于体前，掌心向上，腕高与胸平；左掌向左、向上划弧，撑于体侧，稍高过肩，掌心向外，掌尖斜向前上。（图38）

图38

【要点】

1. 蹬起、转腰、托掌三者要协调一致。

2. 定势时，松腰、含胸、沉肩、坠肘、沉腕，微微呼气，以体现动作的虚实变化。

三十九、马步靠

【练法】

1. 右脚前落，脚尖外撇，重心移至右腿；上体右转；右臂内旋，右掌向下、向右划弧；左臂外旋，左掌向上、向右划弧。（图39-1、图39-2）

图39-1

图39-2

2. 左脚收于右脚内侧，上体继续右转；右掌翻转向上，并向右划弧举于体侧，高与头平；左掌向右肩方向下按，搭在右肘内侧。（图39-3）

图39-3

3. 上体左转，左脚向左前方上步，落地后成半马步；左臂内旋，向前靠出，左拳拳眼向内，拳面向下，置于左膝前；右掌屈收，经身侧推助左臂向前挤靠，掌心向左，掌指附于左后臂内侧。目视左前方。（图39-4）

图39-4

图39-4附图

【要点】

1. 向前垫步和上步时，都要脚跟先着地，然后随重心前移全脚踏实。

2. 定势时，方向为西南，腰向前、向下松沉，保持桩步稳定，上体正直。

3. 如采用发力练法，要做到腰腿发力，周身完整，小腹充实，快速整齐。

4. 半马步步形，两脚的夹角不要超过90°，重心稍偏于后腿，要圆裆，后膝微向内合。

四十、转身大捋

【练法】

1. 重心后移，左脚尖外撇抬起；左拳变掌，左臂外旋；右臂内旋，两掌心同时转向外，并微向后收带。（图40-1）

图40-1

2. 上体左转，重心前移，右脚收于左脚内侧，两脚平行向前，重心仍偏于左腿，并稍向上站起；左臂内旋，左掌屈肘提至胸前横掌，掌心斜向外；右臂外旋，举于身体右侧，高与肩平，掌心向上。（图40–2 ~ 图40–4）

图40–2

图40–3

图40–4

3. 右脚以前脚掌为轴，脚跟外展，身体左转；两掌随转身向左平捋至体前。（图40–5）

图40–5

4. 左脚后撤一步，右腿屈弓。上体继续左转，右腿蹬直，成横裆步（左侧弓步）；左臂外旋，左掌向左划弧，握拳收于腰间，拳心向上；右臂屈肘外旋滚压置于体前，右掌变拳，高与胸齐，拳心斜向上。目视右拳。（图40-6、图40-7）

图40-6

图40-7

图40-7附图

【要点】

1. 并步、转体、撤步、平捋，要衔接连贯，以腰为轴。

2. 并步以后，面向正南。撤步以后，面向东南，后脚斜向东北。

3. 定势时，面向东北，成横裆步（两脚平行向前，宽同弓步，左腿屈弓，右腿自然伸直），两手由平捋转为滚肘撅臂，向下沉劲。头随身体自然转动。

四十一、撩掌下式

【练法】

1. 上体左转，重心移向右腿；右臂屈肘向上划弧，右拳停于右额前，拳心向外；左拳自腰间向身后穿出，拳心向后。（图41–1）

2. 左脚尖外展，右脚尖内扣，重心左移，上体左转；左拳翻转变掌，自左向体前划弧，掌心斜向下；右拳变掌，向后、向下划弧，掌心由后渐转向前；头随体转。（图41–2）

图41–1

图41–2

3. 右脚进半步，停在左脚侧后方，前脚掌点地，成丁步；右掌经右胯外侧向前下方撩出，掌心斜向前，高与小腹平；左掌掌指轻附于右前臂内侧，掌心斜向下，拇指向内；面向西北。目视前下方。（图41–3）

图41–3

4. 右脚落实，上体右转，重心移于右腿，左脚轻轻提起；右掌向上、向右划弧至身体右前方。目视右掌。（图41–4）

图41–4

5. 右掌变成勾手；左掌仍附于右前臂内侧并随之转动，然后收于右肘弯处，掌心向内。目视右勾手。（图41–5）

图41–5

6. 左腿向左侧方（正西偏南）仆出，右腿屈膝下蹲，成左仆步，上体左转；左掌下落，经腹前顺左腿内侧向前穿出，掌心向右。目视左掌。（图41–6）

图41–6

【要点】

1. 撩掌前，两脚的展扣要和身体转动一致，左手在身后划弧不要过大。

2. 右跟步时，要合胯屈腿，将右脚轻轻提起。

3. 下式时，先仆出左腿，然后转身穿掌，右腿要全蹲（老年人可以半蹲），两脚都要全脚着地，不可低头、弓腰、过于前俯。

4. 撩掌方向为西北，下式方向为西偏南。

四十二、上步七星

【练法】

1. 重心前移，上体左转，左脚尖外展，左腿屈弓；右脚尖内扣，右腿自然蹬直，成左弓步；左掌向上、向前挑起，高与肩平；右臂内旋下落，勾尖向上，停于身后。目视左掌。（图42-1）

2. 重心后坐，左脚尖翘起，外转45° 。重心前移，右脚向前上一步，前脚掌落地，成右虚步；左掌变拳，微向内收，拳心向内；右勾手变拳，自后向前、向上架起，拳心向外，两腕相交成十字拳（右拳在外），高与肩平，两臂撑圆。（图42-2、图42-3）

图42-1

图42-2

图42-3

【要点】

1. 起身前，随上体左转，左脚尖尽量外展，右脚尖尽量内扣。

2. 起身时，合胯、提腿，上步要轻灵平稳。

3. 定势时，肩、胯要松沉。

四十三、独立跨虎

1. 右脚向右后撤一步，重心后移，上体右转；右拳变掌，向下、向右划弧，停于右胯外侧，掌心向下；左拳同时变掌，随身体右转稍向右划弧。（图43-1、图43-2）

图43-1

图43-2

图43-2附图

2. 左脚提起，微向右移动，成左虚步，上体左转；左掌向下、经腹前再向左划弧，按于左胯旁；右掌向上、经头前再向下划弧，落于左腿侧上方，掌心向上；头随身体转动。（图43-3、图43-4）

图43-3

图43-4

3. 右脚蹬地独立，右腿微屈站稳；左腿提起，膝部微屈，脚面展平，举于体前；右掌向前、向上挑掌，掌心侧向左，腕部高与肩平；左掌变勾手同时上提，举于左后方，高与肩平；上体左拧。目视左前方（西南）。（图43-5、图43-6）

图43-5

图43-6

【要点】

定势时，右腿独立，膝部微屈；左腿似直未直，自然地悬举于体前，左脚略内扣，高度因人而异；右手、左脚大体上下相对；上体扭向西南，保持自然舒展。

四十四、转身摆莲

【练法】

1. 上体右转，左脚在右脚外侧扣脚落下；左勾手变掌，手心转向上，自左后向前划弧平摆，高与肩平；右掌翻转向下、向右、向后屈肘平带。（图44-1、图44-2）

图44-1

图44-2

图44-2附图

2. 以两前脚掌为轴，向右后转体；左掌稍内收，右掌翻转经胸前向左肘下方穿出，两掌掌心皆向上；头随体转。平视前方。（图44-3）

图44-3

3. 身体继续右转，至面向正南；右掌自左肘下穿出后向上、向右划弧，右前臂内旋，掌心转向右，举于体右侧，高与肩平；左掌自右臂内侧回收至右肩前，掌心亦转向右。目视右掌。（图44-4）

图44-4

4. 右脚提起向左、向上、向右做扇形外摆，脚面展平；同时，两掌自右向左摆掌，在体前先左后右拍击右脚面。（图44-5、图44-6）

图44-5

图44-6

【要点】

1. 扣步不要太远，两腿微屈，两前脚掌碾地；身体旋转270°，上体不要摇晃。

2. 两臂穿摆要和身体旋转一致。

3. 摆莲脚时，右腿上举，上体微向前倾，但不可紧张。年老体弱者，手可不拍击脚面。

四十五、弯弓射虎

【练法】

1. 右小腿屈收，右脚提于身体右侧，脚尖自然下垂；左腿微屈独立，上体左转；两掌左摆，左掌摆至身体左侧，右掌摆于左肩前，掌心皆向左，高与肩平。目视左掌。（图45-1）

2. 上体微右转，右脚向右侧（正西稍偏北）落下；两掌下落。（图45-2）

图45-1

图45-2

3. 上体右转，身体重心移于右腿，成右弓步；两掌同时向下、向右划弧，至身体右侧时变拳。然后上体左转，左拳经面前向左前方（西南）打出，拳心斜向前，拳眼斜向上，高与胸平；右拳屈肘收于右额前，拳心向外，拳眼斜向下。（图45-3、图45-4）

图45-3

图45-4

【要点】

1. 两手向右摆动时，头、腰都要随之转动，目视右拳。

2. 定势时，腰向下松沉，并稍向左回旋，但右膝不要内扣，也不要向左扭胯。头转向西南，和左拳方向一致。弓步方向略偏西北。

四十六、右搬拦捶

【练法】

1. 左腿屈膝，重心后移；右脚尖内扣，上体左转；左拳变掌翻转向上，经体前下落收至左腰间；右拳也变掌，自左前臂上穿出，向右前方抹掌，掌心向前下。（图46–1、图46–2）

图46–1

图46–2

2. 右脚收至左脚内侧，左掌向上划弧，右掌下落变拳。（图46-3）

3. 左掌在体侧划弧收至胸前，掌心向下；右拳向下、向左收至腹前，拳心向下。目视前方。（图46-4）

4. 右脚向前垫步，脚跟着地，脚尖外撇，上体右转；右拳向前（正西）翻转搬出，高与胸平，拳心向上；左掌顺势按于左胯旁，掌尖向前。目视右拳。（图46-5）

图46-3

图46-4

图46-5

5. 上体右转，重心前移，左脚提收上步；右拳随身体右转向右划弧，收于右腰间，拳心向上；左掌向左、向前划弧拦出，掌心斜向下。目视左掌。（图46-6、图46-7）

图46-6

图46-7

图46-7附图

6. 重心前移，左腿前弓，成左弓步，上体微左转；右拳向前打出，拳眼向上，高与胸平；左掌收于右前臂内侧。目视右拳。（图46-8）

图46-8

【要点】

1. 收右脚时，要先扣回脚尖，再轻轻收脚。必要时，左脚尖可适当外展，便于上体左转。

2. 其他要点参看“左搬拦捶”。

四十七、右掤捋挤按

【练法】

1. 重心后移，左脚尖翘起外展，上体左转；左掌向下划弧，掌心向上；右拳同时变掌前伸，掌心向下。（图47-1）

2. 重心前移，左腿屈膝，右脚收至左脚内侧；同时，右掌由前向下划弧；左掌自下向后再翻转向上划弧，两掌在胸前“抱球”（右掌在下，两掌心相对）。（图47-2）

3. 上体微向右转，右脚向前方迈出一步，脚跟着地。（图47-3）

图47-1

图47-2

图47-3

4. 重心前移，成右弓步；两掌同时上下分开，右前臂向体前掤出，高与肩平，掌心向内；左掌下落按于左胯旁。（图47-4、图47-5）

图47-4

图47-5

5. 上体微向右转；右手随之前伸，右前臂内旋，掌心向下；左前臂外旋，掌心向上，经腹前向上、向前划弧，伸至右前臂下方。目视右掌。（图47-6）

图47-6

6. 上体左转，重心后移至左腿；两手向下捋，经腹前再向左后上方划弧，并上举至左掌心斜向上，腕高与肩平；右掌心斜向后，右前臂平屈于胸前。目视左掌。（图47-7、图47-8）

图47-7

图47-8

7. 上体右转；左臂内旋屈肘，左掌掌尖向前搭近右腕内侧，掌心向前，双掌与胸同高。目视前方。（图47-9）

图47-9

8. 重心前移，成右弓步；双手同时慢慢向前挤出，右掌心向内，两臂保持半圆形。（图47-10）

9. 左掌经右腕上方伸出，随即两掌向左右分开，与肩同宽，掌心向下。（图47-11）

图47-10

图47-11

10. 上体慢慢后坐，身体重心移至左腿，右脚尖翘起；两臂屈肘，两掌收至胸前，掌心向前下。（图47-12）

图47-12

11. 右脚落实，右腿前弓，成右弓步；两掌下落经腹前向前、向上挤出，手腕高与肩平，掌心向前。目向前平视。（图47-13、图47-14）

图47-13

图47-14

【要点】

同“左掤捋挤按”，唯左右相反。

四十八、十字手

（一）十字手

【练法】

1. 上体左转，重心左移，右脚尖内扣；左掌随身体左转，经面前向左平摆；右掌同时向右侧撑开，两掌心均向前。（图48–1）

2. 左脚尖外展，继续向左转体，左腿屈膝，右腿自然蹬直；同时，左掌随转体继续向左平摆，与右掌对称平举在身体两侧，肘部略屈，两掌心均向前。目视左掌。（图48–2）

图48–1

图48–2

3. 重心右移，左脚尖内扣，上体右转；两掌向下、向内划弧，在腹前使两腕相交，继两掌合抱（左掌在外）上举于胸前，掌心均向内。（图48–3）

4. 左脚内收成开立步，两脚平行，与肩同宽，脚尖向前，然后两腿慢慢直立，上体转正；两掌交叉合抱举于体前，高与肩平，两臂撑圆，左掌在外，成斜十字形。目视前方。（图48–4）

图48–3

图48–4

【要点】

1. 向左摆掌时，右脚扣向正南，左脚随转体和重心左移渐渐外展，不要待体重完全压实左腿后再转动左脚。

2. 合抱双手时，左脚尖应先内扣再提收左脚，然后缓缓起立，腰部微微向左回旋至朝向正南，体重平均放在两腿。

（二）收势

【练法】

1. 两前臂同时内旋，两掌分开，与肩同宽，掌心向下。目视前方。（图48-5）

2. 两手慢慢下落至两腿外侧，上体正直，头微上顶，松肩垂肘。（图48-6）

图48-5

图48-6

3. 左脚收至右脚旁，两脚并拢，脚尖向前。目视前方。（图48–7、图48–8）

图48–7

图48–8

【要点】

收势时，精神、速度、劲力不可松懈，皆要均匀完整，贯彻始终。